ISBN 978-0-428-63252-6
PIBN 11254824

PROJET DE DÉCRET.

TITRE PREMIER.

Suppreſſion des Notaires royaux & autres, & création de Notaires public.

SECTION PREMIÈRE.

Suppreſſion des Notaires royaux & autres.

ARTICLE PREMIER.

LA vénalité & l'hérédité des offices des Notaires & Tabellions royaux ſont abolies.

II.

Les offices des Notaires ou Tabellions authentiques, ſeigneuriaux, & tous autres offices du même genre, ſous quelque dénomination qu'ils exiſtent, ſont ſupprimés.

III.

Ils ſeront tous remplacés par des Notaires publics dont l'établiſſement ſera formé, pour le préſent & pour l'avenir, ainſi qu'il ſera dit ci-après.

IV.

Juſqu'à la formation dudit établiſſement, les Notaires

A

& Tabellions fupprimés par les articles I & II, feront libres de continuer provifoirement leurs fonctions dans l'étendue de leur ancien arrondiffement.

SECTION II.

Création des Notaires publics.

ARTICLE PREMIER.

Il fera établi, dans tout le royaume, des fonctionnaires publics chargés de recevoir les actes extrajudiciaires & volontaires qui font actuellement du reffort des Notaires royaux & autres, & de leur donner le caractère d'authenticité attaché aux actes publics.

I I.

Ces fonctionnaires porteront le nom de Notaires publics; ils feront inftitués à vie, & ils ne pourront être deftitués que pour caufe de prévarication préalablement jugée.

I I I.

Les actes des Notaires publics, même les teftamens, codicilles, foufcriptions de teftamens olographes, en quelque lieu du royaume que ce foit, nonobftant les coutumes, droits & ufages à ce contraires, feront paffés & fignés, foit par deux Notaires publics, foit par un feul Notaire public, en préfence de deux témoins domiciliés dans le lieu, ayant vingt-un ans accomplis, & fachant figner.

aux Recteurs, Curés ou à toutes autres personnes, de recevoir des testamens ou autres actes, est aboli.

V.

Les Notaires publics ne pourront instrumenter sans connoître le nom, l'état & la demeure des parties, ou sans qu'ils leur soient attestés dans l'acte par deux citoyens ayant les mêmes qualités que celles requises pour être témoin instrumentaire.

V I.

A moins d'empêchement légitime, les Notaires publics feront tenus de prêter leur ministère lorsqu'ils en feront requis. Ils feront au surplus observer, dans les conventions, les lois qui intéressent l'ordre public; & tant à cet égard qu'en ce qui concerne la conservation des minutes, & généralement l'exercice de leurs fonctions, ils se conformeront aux anciennes ordonnances & réglemens concernant les Notaires royaux, jusqu'à ce qu'il ait été autrement statué par le Pouvoir législatif.

V I I.

Le nombre & le placement de ces officiers feront déterminés, pour chaque département, par le corps législatif, d'après les instructions qui lui feront adressées par les directoires desdits départemens.

V I I I.

Pour les villes, la population, & pour les campagnes, l'éloignement des villes & l'étendue du territoire, combinés avec la population, feront les principales bases de l'établissement de ces offices, sans qu'il puisse être établi moins d'un Notaire public par deux cantons distans d'une ville de plus de trois lieues.

I X.

Les Notaires publics seront tenus de résider dans les lieux pour lesquels ils auront été établis.

X.

Ils ne pourront exercer leurs fonctions hors des limites des départemens dans lesquels ils se trouveront placés ; mais tous ceux du même département exerceront concurremment entre eux dans toute son étendue.

X I.

Ils prendront en conséquence la qualité de *Notaires publics établis pour le département de............ à la résidence de la ville ou du bourg de............*

X I I.

Les actes des Notaires publics seront exécutoires dans tout le royaume, nonobstant l'inscription de faux, jusqu'à jugement définitif.

X I I I.

A cet effet, leurs grosses ou expéditions exécutoires seront intitulées de la formule suivante : (le nom du Roi) *par la grace de dieu & la loi constitutionnelle de l'État, Roi des François, salut ; savoir faisons que par-devant,* &c. & elles seront terminées, immédiatement avant la date, par cette autre formule : *mandons que les préfentes foient mifes à exécution par qui il appartiendra.*

X I V.

Et néanmoins lorfque ces actes devront être mis à exécution hors du département dans lequel ils auront été paffés, les groffes ou expéditions feront en outre légalifées par le juge du tribunal d'immatriculation du Notaire public qui les aura délivrés, fans qu'il foit befoin d'aucun autre feel ni de vifa.

X V.

Il fera dépofé au tréfor public, par chaque Notaire public, un fonds de refponfabilité en deniers, à titre de garantie des faits de fes fonctions.

Ce fonds ne produira aucun intérêt aux Notaires, lefquels ne feront point affujétis à prendre des patentes.

Le verfement du fonds de refponfabilité fe fera entre les mains des receveurs de diftricts, qui en feront auffitôt la remife.

X V I.

Ce fonds de refponfabilité demeure dès-à-préfent fixé, favoir :

Pour les Notaires publics de la ville de Paris, à 40,000 livres ;

Pour ceux des villes de Lyon, Bordeaux, Nantes, Orléans, Rouen & Marfeille, à 15,000 livres ;

Pour ceux des villes chefs-lieux de département, à 6,000 livres;

Pour ceux des villes chefs-lieux de diftricts ou fiége d'un tribunal judiciaire, à 4,000 livres;

Pour toutes les autres villes, bourgs ou villages, à 2,000 livres.

X V I I.

Il sera d'livré à chaque Notaire public une reconnoissance du montant de son dépôt ; & lors des démissions ou des décès, le capital de ces reconnoissances sera remboursé au Notaire public démis ou à l'héritier du décédé, par le sujet qui aura été nommé pour le remplacer, en justifiant qu'il n'existe pas d'empêchemens entre les mains du conservateur des oppositions.

X V I I I.

Et dans le cas où après la démission ou le décès d'un Notaire public, il n'y auroit pas lieu de pourvoir à son remplacement, le remboursement dudit fonds de responsabilité lui sera fait, ou à ses héritiers, par le trésor public dans l'année de la démission ou du décès.

X I X.

Le montant desdits fonds de responsabilité sera imputé en déduction des remboursemens d'offices à ceux des Notaires supprimés par le titre premier, qui seront devenus Notaires publics, ainsi qu'il sera dit ci-dessous.

TITRE II.

Etablissement actuel des Notaires publics.

ARTICLE PREMIER.

Les Notaires publics seront à l'avenir nommés & institués dans les formes prescrites par le titre IV de ce décret ;

mais leur établissement actuel sera fait d'après les dispositions suivantes.

II.

Les Notaires ou Tabellions royaux, & autres supprimés par les articles Ier & II du titre premier, seront dans chaque département considérés sous trois classes :

1°. Celle des Notaires ou Tabellions royaux qui résident actuellement dans les lieux où il sera établi des Notaires publics;

2°. Celle des Notaires ou Tabellions royaux qui résident actuellement dans les lieux où il ne sera pas établi de Notaires publics;

3°. Celle des Notaires ou Tabellions authentiques, seigneuriaux ou autres, supprimés par l'article II du titre premier.

III.

Les Notaires ou Tabellions de la première classe seront admis de préférence à se faire recevoir Notaires publics dans les lieux où ils résident, mais ils ne pourront opter une autre résidence.

Quel que soit leur nombre, ils seront tous admis à exercer, & ne seront point tenus de se réduire ; leur réduction ne s'opérera que par mort ou démission.

IV.

En conséquence, après la fixation des chefs-lieux de résidence & du nombre des Notaires publics, le procureur-général-syndic de chaque département fera notifier dans tout le département aux Notaires & Tabellions de la première classe, en la personne du plus ancien d'entre eux dans chaque résidence, qu'ils ayent à lui déclarer dans la

A 4

quinzaine de cette notification , & chacun individuellement, s'ils veulent être confirmés dans l'exercice de leurs
fonctions en qualité de Notaires publics.

V.

Ceux defdits Notaires qui dans ce délai n'auront pas
envoyé leur acceptation , feront préfumés avoir donné leur
renonciation ; leurs places , ainfi que celles des Notaires
qui auront envoyé leur refus formel, feront, fi le nombre
n'eft pas complet, comprifes dans le tableau des pla es
vacantes ; & dès l'expiration de ladite quinzaine, ils cefferont , à peine de faux & de nullité, l'exercice provifoire
de leurs fonctions.

V I.

Immédiatement après ledit délai , le directoire du département vérifiera les acceptations remifes ; & fi en cer-
tains lieux le nombre fe trouve inférieur à celui n'ceffaire
pour compléter l'établiffement, il y fera pourvu ainfi qu'il
fera dit ci-après.

V I I.

Dans les lieux au contraire où le nombre des acceptations complétera , ou lors même qu'il excéderoit celui
requis , le tableau nominatif defdits officiers , fuivant
l'ancienneté de leur réception en qualité de Notaires
royaux , fera immédiatement envoyé par le procureur-
général-fyndic au commiffaire du roi près le tribunal.

V I I L

Les Notaires de la feconde claffe & ceux de la troifième pourront fe préfenter pour remplir les places de
Notaires publics , vacantes dans les diverfes réfidences du

nt à être attachés.

I X.

onféquence, après le premier placement qui aura
en conformité des articles III & IV, le direc-
département fera publier & afficher dans fon
fement le tableau des places vacantes, foit dans
ences nouvellement cré es, foit dans les réfidences
ées, & où le nombre des Notaires ne fera pas com-

X.

le mois après cette publication, les Notaires de
de & de la troifième claffe qui voudront occuper
es de Notaires publics, feront tenus d'adreffer au
ur-général-fyndic du département leurs déclara-
portant défignation de la réfidence dans laquelle ils
lent à être placés.

nt d'abord préférés les Notaires de la feconde claffe;
parmi les Notaires de la troifième, feront préférés
i demeuroient dans le lieu où une réfidence de
es publics aura été établie.

Notaires ainfi appelés par degré à occuper des
de Notaires publics, feront placés fuivant l'ancien-
leur exercice, jufqu'à ce que le nombre fixé foit

X I.

x qui, dans le délai d'un mois ci-deffus prefcrit,
t pas fait leur déclaration, ne pourront plus fe faire
pour les places vacantes, & feront cenfés avoir
à l'exercice des fonctions de Notaires, du jour

de l'expiration du délai, ils ne pourront plus recevoir aucuns actes, sous peine de faux & de nullité.

X I I.

Les Notaires qui n'auront pas pu être placés dans la résidence pour laquelle ils auront formé leur demande, parce que le nombre aura été complet avant qu'on soit arrivé jusqu'à eux, pourront indiquer une autre résidence dans laquelle il y aura encore des places vacantes, & ainsi de suite jusqu'à ce que toutes les résidences du département soient complètes ; & les mêmes règles de préférence & d'ancienneté seront observées dans ce cas comme dans ceux ci-dessus spécifiés.

X I I I.

Immédiatement après le premier placement & les placemens successifs, le tableau nominatif des Notaires publics attachés à chaque résidence, sera envoyé par le procureur-général-syndic au commissaire du roi près le tribunal sous l'arrondissement duquel sera le chef-lieu de résidence de ces Notaires publics.

Et à l'égard des villes où il existe plusieurs tribunaux judiciaires, cet envoi sera fait au commissaire du roi près celui desdits tribunaux dans le ressort duquel la maison municipale se trouve située.

X I V.

Les officiers inscrits sur ce tableau seront aussitôt requis, chacun en particulier, par ledit commissaire du roi, d'effectuer le dépôt de leur fonds de responsabilité, & de se présenter, dans le délai d'un mois, devant le tribunal, pour y être reçus en qualité de Notaires publics.

X V.

En juſtifiant dudit dépôt au commiſſaire du roi, ces officiers ſeront admis devant le tribunal pour y conſigner, au bas du procès-verbal qui ſera dreſſé à cet effet, les ſignature & paraphe dont ils entendent ſe ſervir dans l'exercice de leurs fonctions, & prêter le ſerment preſcrit par l'article dernier du titre V.

X V I.

Il ſera remis à chacun d'eux un extrait de ce procès-verbal, lequel extrait leur ſervira d'inſtitution & réception; & de ce jour ſeulement ils prendront la qualité de Noaires publics, & auront le droit d'exercer dans tout le département.

X V I I.

Faute par leſdits Notaires d'avoir rempli, dans ledit délai d'un mois, les formalités preſcrites par les articles XIV & XV, leurs places ſeront réputées vacantes; & dès le jour même de l'expiration de ce délai, ils ceſſeront, à peine de faux & de nullité, l'exercice proviſoire de leurs fonctions.

Le commiſſaire du roi en donnera avis au directoire du département, pour qu'il ſoit pourvu à leur remplacement.

X V I I I.

Lorſque tous les Notaires de la ſeconde & troiſième claſſe inſcrits pour occuper des places de Notaires publics ſeront placés, ou lorſque n'ayant pas pu l'être dans les réſidences qu'ils auront déſignées, ils n'auront pas fait de déſignation nouvelle; s'il y a encore des places vacantes, il y fera pourvu fuivant les formes qui vont être établies par le titre IV de ce décret.

XIX.

Dans chaque département, après le placement & l'établiſſement complet des anciens Notaires en qualité de Notaires publics, ce qui ſera annoncé par un avertiſſement que le directoire fera publier & afficher ; tous les Notaires de la ſeconde & troiſième claſſe qui n'auront pas pu être admis dans ledit établiſſement, ceſſeront l'exercice proviſoire de leurs fonctions ; & du jour où l'avertiſſement du directoire aura été publié dans chacune des réſidences, ils ne pourront plus recevoir aucuns actes ; à peine de faux & de nullité.

TITRE III.

De la conſervation & du dépôt des minutes d'actes des Notaires.

ARTICLE PREMIER.

Les minutes dépendantes des offices de Notaires royaux & autres ſupprimés par le titre premier de ce décret, ſeront miſes en la garde des Notaires publics établis dans réſidence la plus prochaine du lieu de leur dépôt actuel.

II.

En conſéquence les minutes actuellement conſervées dans des lieux où il ſera établi des Notaires publics, ne pourront en être déplacées ; & celles qui ſe trouveront par-tout ailleurs, ſeront portées dans le plus prochain chef-lieu de réfidence de Notaire public, en fuivant à cet égard la démarcation par cantons.

I I I.

A cet effet, après que le directoire de l'adminiftration du département aura fait publier le tableau des Notaires publics de chaque réfidence, le directoire de l'adminif-tration du diftrict dreffera l'état des anciens offices, foit du lieu même, foit des lieux circonvoifins, dont les mi-nutes doivent être remifes auxdits Notaires publics, & adreffera cet état au commiffaire du roi du tribunal.

I V.

Les Notaires royaux & autres devenus Notaires publics dans le lieu où leurs minutes devront refter ou être ap-portées, en conferveront exclufivement le dépôt.

V.

Les Notaires qui auront ceffé d'exercer, ou qui auront été placés dans une autre réfidence que celle où leurs minutes doivent être dépofées, ainfi que les héritiers des anciens titulaires décédés, pourront, dans un mois à compter du jour de la notification qui leur fera faite par le commiffaire du roi, remettre lefdites minutes à celui des Notaires publics qu'ils jugeront à propos de choifir parmi ceux établis dans le chef-lieu de réfidence où les minutes devront être apportées, & faire fur les recouvre-mens telles conventions que bon leur femblera.

V I.

Mais à défaut de remife dans le cours de ce délai, les

poſſeſſeurs de ces minutes ſeront tenus de les dépoſer in-
continent, avec les répertoires, entre les mains du plus
ancien Notaire public de cette réſidence, lequel s'en
chargera proviſoirement ſur ſon récepiſſé, après récole-
ment & vérification.

Ils remettront en même temps un état des recouvremens à faire ſur leſdites minutes, & ſeront tenus de déclarer par écrit s'ils veulent que leſdits recouvremens
ſoient faits pour leur compte, ou s'ils préfèrent en céder
la perception.

V I I.

Au premier cas, les minutes & répertoires, ainſi que
l'état des recouvremens, ſeront remis, après nouvelle vérification, à celui des Notaires publics de la réſidence qui
offrira de ſe charger du tout & d'effectuer les recouvremens; & à défaut ou en cas de concurrence, la remiſe en
ſera faite par la voie du ſort.

V I I I.

Les Notaires publics chargés de recouvremens pour le
compte des anciens poſſeſſeurs, ſeront rembourſés unique-
ment de leurs avances pour papier timbré, droits d'enre-
giſtrement & autres débourſés, ſans pouvoir rien préten-
dre pour droits d'expédition, collation ou autres émo-
lumens.

I X.

Lorſqu'au contraire les anciens poſſeſſeurs auront dé-
claré vouloir céder les recouvremens, la poſſeſſion des
minutes ſera adjugée, eu égard auxdits recouvremens, ſur
enchère, entre les Notaires publics de la réſidence par-
devant le maire ou premier officier municipal.

Et néanmoins, ſi le prix de la dernière enchère eſt au-deſſous des trois quarts du total des recouvremens, les poſſeſſeurs auront la faculté d'empêcher l'adjudication, en demandant que la perception deſdits recouvremens ſoit faite pour leur compte; & dans ce cas, on ſuivra les règles preſcrites par les articles VII & ſuivant du préſent titre.

X.

A l'égard de toutes autres minutes des Notaires qui peuvent être dans les bureaux de tabellionnage, dans les greffes des ci-devant juſtices ſeigneuriales, dans les archives des ci-devant ſeigneurs, ou entre les mains de toutes autres perſonnes privées, elles ſeront remiſes avec les répertoires, s'il s'en trouve, au plus ancien Notaire public de la réſidence voiſine, trois jours après la ſommation qui en ſera par lui faite aux poſſeſſeurs actuels, leſquels, à raiſon de cette remiſe, ne pourront exiger aucun rembourſement ni indemnité.

X I.

Celles de ces minutes qui formeront des corps entiers ſeront remiſes par la voie du ſort à la garde de l'un des Notaires publics de la réſidence; & à l'égard de celles qui ſe trouveront faire partie d'un corps de minutes dépoſé dans une autre réſidence, elles ſeront immédiatement envoyées dans le lieu de ce dépôt pour y être réunies.

X I I.

Lors de la démiſſion ou du décès des Notaires publics au remplacement deſquels il n'y aura pas lieu de pourvoir, les démiſſionnaires ou les héritiers des décédés auront la faculté de remettre leurs minutes à l'un des Notaires publics de la réſidence, & de s'arranger pour les recouvremens, dans le délai de quinze jours à compter de la démiſſion ou du décès, & après ce délai le commiſſaire du roi auprès du tribunal, pourſuivra la remiſe des minutes entre les mains du plus ancien des Notaires publics, pour être procédé à leur dépôt, ainſi qu'il a été dit par les articles 6, 7, 8 & ſuivans.

X I I I.

A l'avenir, dans tous les cas où il y aura lieu au remplacement d'un Notaire public, démiſſionnaire ou décédé, les minutes paſſeront à ſon ſucceſſeur, & la remiſe lui en ſera faite, ſauf à lui à tenir compte des recouvremens.

TITRE IV.

Nouvelle forme de nomination & d'inſtitution des Notaires publics.

ARTICLE PREMIER.

Les places de Notaires publics ne pourront être occupées à l'avenir que par des ſujets antérieurement déſignés dans un concours public, qui aura lieu à cet effet le premier Septembre de chaque année dans les villes chefs-lieux de département.

I I.

Les juges ſeront au nombre de neuf, ſavoir : deux membres du tribunal établi dans le lieu où ſe fera le concours, le commiſſaire du Roi près le même tribunal, deux membres du directoire du département, & le procureur-général ſyndic, & les trois plus anciens Notaires publics de la ville.

III.

I I I.

Dans les villes où il se trouvera plusieurs tribunaux, les eux juges & les commissaires du Roi seront pris alternati-ement dans chacun d'eux, en commençant par le nu-iéro premier pour le premier concours.

I V.

Pour être admis à concourir, il faudra :

1°. Avoir satisfait à l'inscription civique, en quelque eu du royaume que ce soit ;

2°. Etre âgé de vingt-cinq ans accomplis ;

3°. Avoir travaillé pendant huit années dans des études e Notaires, dont cinq en quelque lieu que ce soit du royaume, mais nécessairement pendant les trois der-ières en qualité de principal clerc dans l'étendue du épartement où le concours aura lieu, & y être actuel-ment employé en cette qualité.

V.

Dans le mois qui précédera le concours, lequel se fera ujours le premier Septembre, sans avoir besoin d'être inoncé ni proclamé, & sans que, sous aucun prétexte, puisse être retardé ou n'avoir pas lieu, tous ux qui desireront être admis audit concours, re-ettront au commissaire du Roi, désigné pour l'un des zes, les titres & certificats servant à constater les qualités conditions ci-dessus requises, & ils rapporteront en outre ec les certificats d'études qui leur auront été délivrés par divers Notaires chez lesquels ils les auront faites, des estations de leurs vie & mœurs, signées par lesdits No-res, & duement légalisées.

Projet de Décret sur les Offices de Notaires.   B

V I.

Les ci-devant Notaires Royaux qui, après avoir fait les déclarations prescrites par le titre III, n'auront pu être employés lors du prochain établissement, seront dispensés du concours, & ils pourront, sur leur demande, être inscrits en premier ordre, & en suivant entr'eux celui de leur ancienneté de réception, sur le premier tableau de candidats qui sera dressé.

V I I.

Mais ceux desdits Notaires royaux qui n'auront fait aucune déclaration, ainsi que les Notaires ci-devant seigneuriaux qui n'auroient pas été placés, soit qu'ils ayent ou non demandé à l'être, seront simplement admis à concourir sur la seule énonciation & justification de leur ancienne qualité.

V I I I.

Les juges qui procéderont à l'examen, commenceront par vérifier les titres de ceux qui se présenteront, pour savoir s'ils remplissent les conditions requises.

Le sujets qui rempliront ces conditions, seront seuls admis à l'examen ; il consistera dans un interrogatoire fait à chacun séparément sur les principes de la Constitution, les fonctions & les devoirs des Notaires publics, & dans la rédaction d'un acte dont le programme sera donné par les juges, & rempli sans déplacer, par les aspirans.

I X.

La capacité des sujets sera jugée à la majorité absolue des voix.

X.

Ceux qui feront ainfi reconnus capables, feront déclarés par les juges de l'examen, habiles à remplir les fonctions de Notaires publics, & infcrits auffitôt fur un tableau, fuivant le nombre des voix qu'ils auront eues pour leur admiffion. En cas d'égalité de fuffrages pour deux ou plufieurs afpirans, ils feront infcrits fur le tableau à raifon de leur temps d'études; & en cas d'égalité de temps, à raifon de l'ancienneté de leur âge.

X I.

Ce tableau fera continué chaque année de la même manière. Il reftera affiché dans la principale falle de l'adminiftration du département, & fera envoyé, par le procureur-général-fyndic, à tous les tribunaux du reffort, pour y être pareillement affiché.

X I I.

Les fujets ainfi élus continueront leurs études jufqu'à leur placement effectif, à peine d'être déchus du bénéfice de leur élection.

X I I I.

X I V.

Mais en cas de décès , de démiffion forcée ou de dé-miffion volontaire , fans défignation de fucceffeur, les fujets infcrits fur le tableau des élections du département auront droit à la place vacante , fuivant la priorité de leur rang & de leur date d'infcription.

X V.

En conféquence , lorfqu'une place de Notaire public deviendra ainfi vacante , le plus ancien Notaire de la réfidence en donnera avis au directoire du département , lequel fera tenu de faire auffi-tôt annoncer cette vacance par proclamation & affiches dans tout fon reffort , avec réquifition aux fujets infcrits d'envoyer leur acceptation dans le délai de quinze jours au procureur général fyndic.

X V I.

Après ledit délai, le directoire conférera la place vacante au premier par rang & date d'infcription d'entre ceux qui auront donné leur acceptation; & ceux qui les précédoient dans l'ordre , mais qui fe feront trouvés en retard de fournir ladite acceptation , ne pourront être admis à réclamation pour cette fois , fans néanmoins préjudicier à leurs droits pour l'avenir.

X V I I.

Il fera remis au fujet ainfi nommé, de même qu'à celui qui aura été défigné conformément à l'art. XIII, un extrait du procès-verbal de fa nomination ; & fur ledit extrait, il fe pourvoira auprès du roi, à l'effet d'obtenir une commiſſion ; qui ne pourra pas lui être refuſée, pourvu qu'il juſtifie préalablement du rembourſement par lui fait à ſon prédéceſſeur ou héritiers, du montant de ſon fonds de reſponſabilité.

X V I I I.

Après avoir obtenu la commiſſion du roi, le ſujet ſe préſentera au tribunal dans le reſſort duquel ſa réſidence ſe trouvera placée.

X I X.

Sur la repréſentation de l'extrait de ſon inſcription au tableau, de la déſignation faite de ſa perſonne par le Notaire public qui aura abdiqué, ou de ſa nomination par le directoire du département, de la commiſſion du roi, du paiement du fonds de reſponſabilité, & enfin du certificat de ſa continuation d'études & de ſes vie & mœurs depuis ſon inſcription au tableau, il ſera admis à prêter le ſerment à l'audience publique.

X X.

Dans le procès-verbal de ladite preſtation de ſerment, le Notaire public reçu conſignera les ſignature & paraphe dont il entend ſe ſervir dans l'exercice de ſes fonctions, & il ne pourra en employer d'autres à peine de faux.

X X I.

La formule du ſerment ſera ainſi conçue : *Je jure ſur mon honneur d'être fidèle à la Conſtitution & aux lois du royaume , & de remplir mes fonctions avec exactitude & probité.*

TITRE V.

Remboursement des Notaires royaux.

ARTICLE PREMIER.

Attendu que l'évaluation des offices des Notaires au ci-devant châtelet de Paris, faite en exécution de l'édit de 1771, est dans une disproportion immense avec la valeur effective desdits offices, & que beaucoup de titulaires sont dans l'impossibilité de constater par pièces authentiques le montant de leurs acquisitions, il sera établi pour le remboursement desdits Notaires un prix commun sur le prix constaté par traités, quittances & actes authentiques des 57 charges dernièrement pourvues.

II.

La masse de ces prix réunis, divisée par leur nombre, donnera le prix de chacun des 113 offices de Notaires.

III.

Les titulaires des 113 offices seront divisés en trois classes.

La première comprendra tous ceux qui ont été reçus antérieurement au premier juillet 1771.

La seconde, tous ceux qui ont été reçus depuis le premier juillet 1771 jusqu'au premier juillet 1781 exclusivement.

La troisième classe sera formée de tous ceux qui ont été reçus depuis le premier juillet 1781 jusqu'à présent.

le prix moyen il fera retranché aux divers titulaires
our les recouvremens & meubles d'étude confondus
eurs acquifitions , qu'à caufe de leur temps d'exer-
avoir aux titulaires de la première claffe , un tiers ;
ulaires de la feconde claffe , un fixième ; aux titu-
le la troifième claffe , un douzième.
te diminution faite , le furplus du prix moyen fera
ux titulaires de chaque claffe individuellement, tant
de remboursement qu'à titre d'indemnité.

V.

ant aux Notaires royaux établis dans les autres villes
artemens , il leur fera donné pour remboursement
emnit ; d'abord le prix de leur évaluation, enfuite
itié du furplus du prix de leur contrat , prouvé par
& pièces authentiques ; de manière cependant que le
ourfement ne puiffe excéder le prix prouvé de leur
ition.

V I.

difpofitions des lois décrétées dans les mois de fep-
e & de décembre 1790 , relativement aux frais de
ion des officiers miniftériels , aux dettes des com-
es & aux intérêts qui pourront être dus à chaque titu-
iprès la fixation de fon remboursement , feront exé-
taht pour les Notaires au ci-devant châtelet de Paris
our les Notaires des autres départemens.

V I I.

fonds de refponfabilité à fournir par les Notaires

royaux qui deviendront Notaires publics, demeureront
compenfés jufqu'à due concurrence avec les rembourfe-
mens qui leur feront dus pour leurs offices & acceffoires.

V I I I.

Les Notaires dont le rembourfement s'élévera au-delà
du fonds de refponfabilité déterminé, ne recevront ce
rembourfement qu'en d clarant s ils fe font infcrire fur
le tableau des Notaires publics, ou s'i's renoncent à exercer cet état. Dans le premier cas, le fonds de refponfabilité leur fera retenu fur la fomme qui leur reviendra;
dans le fecond, toute la fommé leur fera rembourfée.

I X.

Ceux des Notaires, dont le rembourfement fera inférieur au fonds de refponfabilité, recevront un certificat
du montant de leur liquidation, & feront tenus de com-
pletter, quinzaine après, entre les mains du receveur du
diftrict de leur réfidence, ledit fonds de refponfabilité,
faute de quoi ils cefferont toutes fonctions, à peine de
faux & de nullité.

X.

Les anciens Notaires appelés en troifième ordre à occuper, dans le prochain étab'iffement, des places de Notaires publics, & qui n'ont aucun rembourfement à recevoir,
feront fous la même peine, tenus de remettre, dans
quinze jours après leur infcription, fur le tableau des
Notaires publics, leur fonds de refponfabilité.

X I.

Tous les Notaires publics feront tenus de conftater au
commiffaire du roi du tribunal de leur réfidence, qu'ils
ont exécuté les difpofitions contenues dans les articles
IX & X ci-deffus.